Hardanger

für schicke Kleidung und Accessoires

FÜR KATHRINA

© 2000 Rosenheimer Verlagshaus GmbH & Co. KG, Rosenheim

Fotografie: Klaus G. Förg, Rosenheim
Musterzeichnungen: Heidi Baumgartner
Layout, Satz und Herstellung: VerlagsService Dr. Helmut Neuberger
& Karl Schaumann GmbH, Heimstetten
Druck und Bindung: BAWA Print & Partner GmbH

ISBN: 3-475-53032-5

Heidi Baumgartner

Hardanger

für schicke Kleidung und Accessoires

Fotografie: Klaus G. Förg

rosenheimer

HARDANGER – EINE ALTE STICKTECHNIK NEU ENTDECKT

Es gibt bereits sehr viele Bücher und Hefte zum Thema Hardanger-Stickerei. Die meisten Stickerinnen verwenden diese Technik zur Gestaltung von Tischdecken, Kissen, Läufern und dergleichen. Oft sind die Arbeiten sehr üppig und zeitaufwendig. Die Farbauswahl und -zusammenstellung bevorzugt gedeckte und dezente Töne, wo man für meinen Geschmack auch mehr Farbigkeit »riskieren« dürfte.
So habe ich mich entschlossen ein eigenes Hardanger-Buch herauszugeben – nämlich mit einer moderneren Umsetzung dieses Themas.
Die hier vorgestellten Entwürfe setzen neue Schwerpunkte. Ich wollte keine allzu aufwendigen Stickereien. Die Farbauswahl der Stoffe und Garne sollte zeitgemäß sein. Vor allem wollte ich die Stickereien für Kleidungsstücke entwerfen (was in gewissem Sinne wieder sehr »traditionell« ist, denn ursprünglich wurden Hardanger-Muster nicht für Tischwäsche verwendet, sondern zur Verzierung von Blusen und Schürzen für die norwegische Tracht!).
Daneben gibt es einige Entwürfe, die dafür gedacht sind, zunächst neue Füllungen und Stiche erst einmal auszuprobieren. Etwa Mustertücher, Dosen oder Buchumschläge. Die Dosen und Bücher eignen sich außerdem hervorragend dazu, Stoff- und Garnreste zu kleinen Geschenken zu verarbeiten.
Ich hoffe, es ist mir gelungen, die Hardanger-Stickerei etwas anders zu präsentieren und so vielleicht auch die jüngeren Stickerinnen zu »verführen«, sich mit dieser reizvollen alten Technik zu beschäftigen. Die Möglichkeiten, sie zeitgemäß umzusetzen, sind (fast) unbegrenzt!

Viel Spaß dabei
wünscht Ihnen Ihre   *Heidi Baumgartner*

INHALT

MATERIAL

STOFFE   Für die meisten Hardanger-Stickereien werden Stoffe verwendet, die aus einer Mischung von Baumwolle und Viskose bestehen und eine gleichmäßige Struktur aufweisen. Beispielsweise die Stoffe »Bellana«, »Lugana« und »Hardana« der Firma Zweigart, die sich sehr gut für das Besticken von Tischwäsche eignen.
Für die Kleidungsstücke in diesem Buch habe ich Stoffe bevorzugt, die eine größere Fadendichte aufweisen. So kann man feinere Stickereien herstellen.
Zum Teil habe ich reines Leinen, z. B. Zweigart »Edinburgh«, »Belfast«, zum Teil Baumwollstoffe wie »Annabelle« oder Baumwoll-Viskose-Mischungen wie »Meran« verwendet. Diese Stoffe haben Fadenverdickungen, die ihnen einen Leinencharakter verleihen. Sie sind zwar schwieriger zu besticken, wirken dafür aber lebendiger.

GARNE   Es wird ⚓Anchor Perlgarn der Stärke 5 und 8 sowie ⚓Anchor Vierfachgarn in verschiedenen Stärken verwendet.
Die Garnstärke richtet sich nach dem Stoff.
Es gilt grundsätzlich, dass die Plattstichgruppen mit den stärkeren Garnen und die Füllungen sowie Zierstiche mit den feineren Garnen gestickt werden.

STICKRAHMEN   Empfehlenswert sind Standstickrahmen, die fest auf dem Boden stehen. So haben Sie beide Hände zum Sticken und zum Schneiden frei. Das Arbeiten an diesem Standrahmen bedarf einiger Übung. Die Mühe der Eingewöhnung lohnt sich jedoch. Sie haben so einen besseren Überblick über die Stickerei und vermeiden das Verziehen des Stoffes.

NADELN   Für die Stickarbeit brauchen Sie stumpfe Nadeln der folgenden Stärken:
* Nr. 20 für Perlgarnstärke 5
* Nr. 22 für Perlgarnstärke 8 und Vierfachgarn Nr. 16

Außerdem sind feinere stumpfe Nadeln für die feinen Vierfachgarne erforderlich.
Spitze Nadeln werden zum Vernähen des Stickfadens verwendet.

PLATTSTICHEINFASSUNG

Plattsticheinfassung im geraden Fadenlauf

Sticken Sie 5 Plattstiche über 4 Gewebefäden
(GF); man nennt das auch eine »Plattstichgruppe«. 4 GF frei lassen und wieder 5 Plattstiche über 4 GF sticken. In dieser Weise
fortfahren.

Plattsticheinfassung im schrägen Fadenlauf

Es werden jeweils 5 Plattstiche über 4 GF
gestickt. An eine Plattstichgruppe mit waage-
rechter Stickrichtung wird direkt eine mit
senkrechter Stickrichtung angeschlossen,
sodass ein stufenförmiges Muster entsteht.

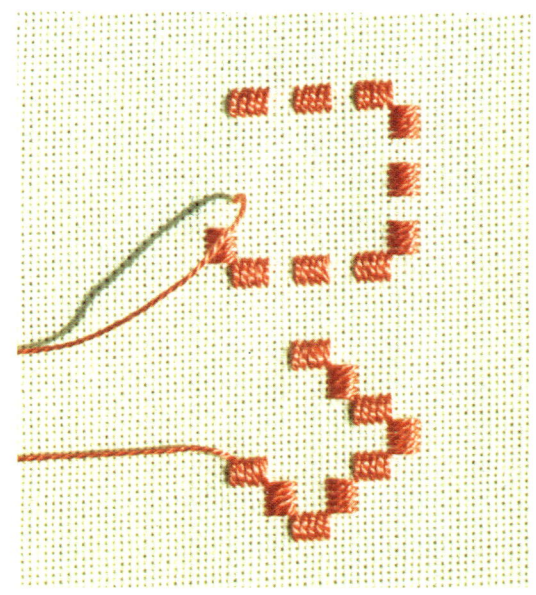

GEWEBE FREILEGEN

Das Gewebe freilegen bedeutet, dass aus dem
Motiv mit Plattstichumrandung Gewebefäden
herausgeschnitten werden. Es werden jeweils
4 GF an der Kante der 5 Plattstiche herausgeschnitten. Sie sollten jeweils einen Gewebefaden nach dem anderen herausschneiden.
Am besten eignet sich hierfür eine schmale
Nagelschere.

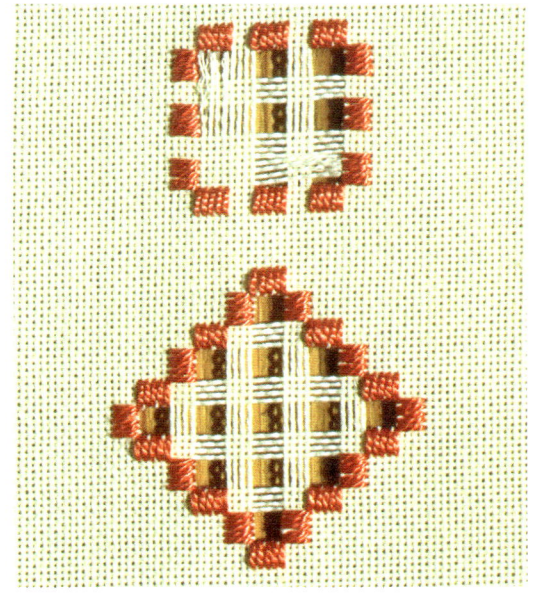

STEGE

Stopfstege

Die 4 frei liegenden GF werden umstopft, dabei werden jeweils 2 GF abwechselnd umschlungen.

Wickelstege

Von den 4 frei liegenden GF werden jeweils 2 GF miteinander umwickelt.

SCHLINGSTICH

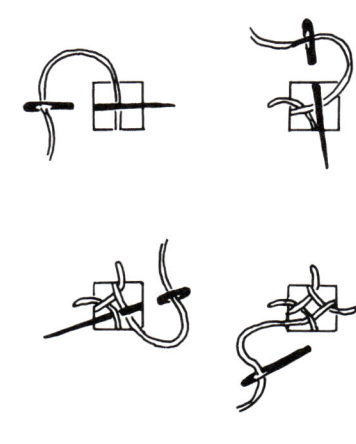

*Schlingstich
(im Quadrat senkrecht / waagerecht)*

Es werden 3 fertig umstopfte Stege und ein halb fertig umstopfter Steg benötigt. Vom halben Steg aus werden im Uhrzeigersinn die Schlingen gestickt. Dabei wird der Faden zum jeweils nächsten Steg gezogen, mit der Nadel von oben in diesen Steg eingestochen und der Faden so zur Mitte gezogen, dass sich eine Schlinge bildet. Zum Schluss wird der halb fertige Steg fertig umstopft.

*Schlingstich
(im Quadrat diagonal von Ecke zu Ecke)*

Es werden 4 Stege fertig umstopft und dann der Schlingstich gestickt. Verankert wird jede Schlinge in den GF zwischen den Stegen.

FÜLLUNGEN

Malteserkreuz

Sie haben eine Plattsticheinfassung von
12 x 12 GF, in deren Mitte 4 GF stehen geblieben sind.

Umwickeln Sie 2 GF bis zur Mitte.
Anschließend wird der umwickelte Steg durch
Stopfstiche mit den nächsten, im rechten
Winkel dazu liegenden 2 GF verbunden. Die
Anzahl der Stiche hängt davon ab, wie dicht
das Maltserkreuz werden soll. Nun wird der
letzte Teil der GF umwickelt. Somit ist ein
Malteserviertel gestickt.

Sie können den Stickfaden auf der Rückseite
weiterführen oder am Gewebe einhängen und
die 2 nächsten GF umwickeln.

Vier Malteserviertel ergeben das Malteser-
kreuz.

Malteserbandvariation

Das Malteserband wird in 2 Arbeitsgängen
gestickt. Einmal der obere Teil mit je 2 Malteservierteln und dann der untere Teil mit je
2 Malteservierteln.

Bei unseren zwei Beispielen wurden zwischen
den Malteserkreuzen einmal Stopfstege und
einmal Wickelstege gestickt.

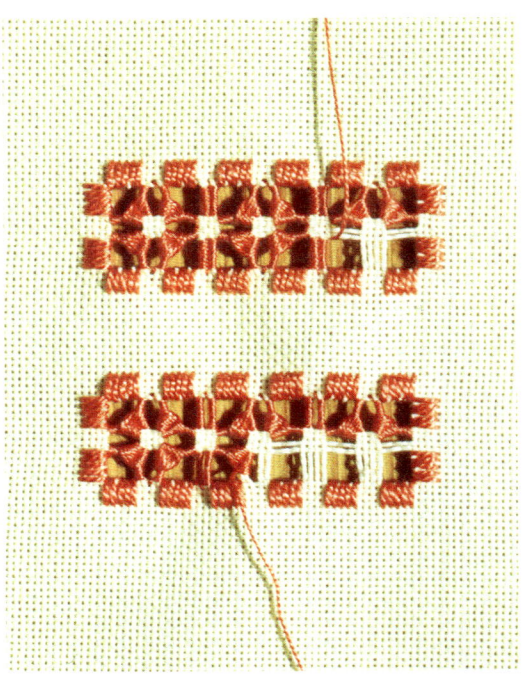

MALTESERBAND

(schräger Fadenlauf mit Schlingstichfüllung)

Es wird in 4 Arbeitsgängen gestickt.
Im 1. und 2. Arbeitsgang werden links und
rechts jeweils die Malteserviertel gestickt.
Dann (3. Arbeitsgang) die GF zunächst auf
einer Seite umwickeln (stufenförmig).
Zuletzt (4. Arbeitsgang) die übrig gebliebenen
GF umwickeln und gleichzeitig die Schling-
stichfüllung in jedes zweite Quadrat sticken.

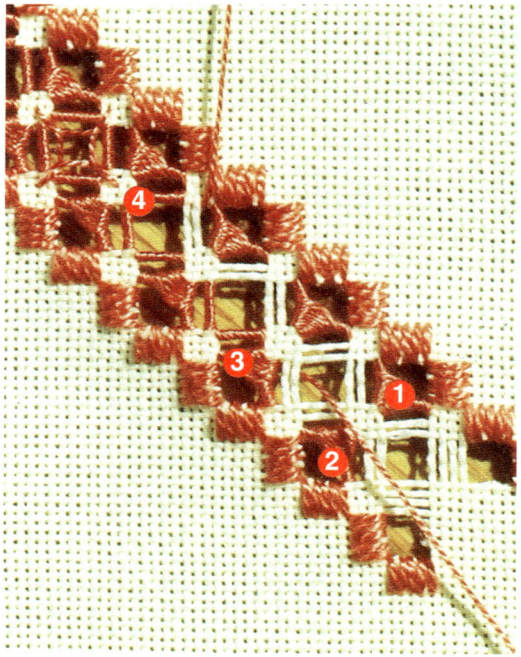

EDELWEISS

- Zuerst muss ein Plattstichquadrat mit
  12 x 12 (oder 16 x 16) GF gestickt werden.
- Gewebe freilegen: Es bleiben in der Mitte
  nur je 2 GF stehen.
- Mit dem Stickfaden diagonal ein Fadenkreuz spannen.
- Von der Mitte aus den Gewebefaden und
  die Fäden des Fadenkreuzes bis zur Hälfte
  umwickeln. Dabei immer im Kreis von
  einem Faden zum anderen gehen.
- Nun werden kleine Blütenblätter gestopft.
  Dafür der jeweils äußerste Stickfaden aus
  dem letzten Arbeitsgang durch Stopfstiche
  mit einem Gewebefaden oder Fadenkreuzfaden verbunden, insgesamt 8 Blüten.

Das *Sonnenrad* ist eine Abwandlung vom
Edelweiß. Es wird im Prinzip genauso, allerdings größer gestickt. Im Plattstichquadrat
stehen je 20 GF. Das Gewebe wird freigelegt
und 3 gegeneinander versetzte Fadenkreuze
gespannt. Anschließend wird das Sonnenrad
weiter wie das Edelweiß gestickt, jedoch
mit 16 Blüten.

SCHMUCKFÜLLUNG

- Ein Plattstichquadrat mit 28 x 28 GF sticken.
- Gewebe freilegen (4 GF schneiden, 4 GF stehen lassen usw.).
- Der Stickfaden umwickelt den ersten Steg.
- Fadenkreuz spannen, wie in der Abbildung sichtbar.
- Von der Mitte aus kreisförmig nacheinander je 2 GF beziehungsweise einen Fadenkreuzfaden umwickeln (wie beim Edelweiß Mittelteil, siehe linke Seite).
- Nun die 4 Ecken, an denen die Fadenkreuzfäden befestigt sind, umweben, indem der Spannfaden zusammen mit den jeweils 2 benachbart liegenden GF umwoben wird.
- Zum Schluss alle Wickelstege sticken.

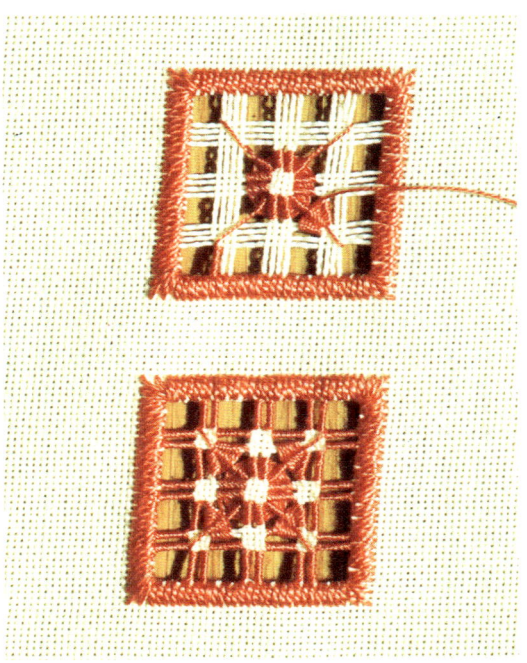

ZWÖLFERTAKT

Das Gewebe wird freigelegt nach dem Rhythmus: 4 GF schneiden, 12 GF stehen lassen (in Längs- und in Querrichtung). Von den 12 stehen gelassenen GF werden je 4 zusammen umstopft, sodass sich an jeder Seite des Gewebequadrates 3 Stopfstege befinden.

KLEINE FÜLLUNGEN

Plattstichumrandung sticken (12 x 12 GF) und
Gewebe freilegen. In der Mitte bleiben jeweils
4 GF stehen (siehe Foto).
Die nachstehend gezeigten Füllungen werden alle
so vorbereitet.

1 Von den 4 stehen gelassenen GF werden die
2 mittleren jeweils zusammen umwickelt.
Die 4 Malteserviertel werden jeweils zwischen
den noch stehen gebliebenen GF gestickt.

2 Von den Ecken aus wird ein Fadenkreuz
gespannt.
Dann jeweils von der Mitte aus einen
Spannfaden zusammen mit je 2 benachbart
liegenden GF umweben.

3 Von den Ecken aus wird ein Fadenkreuz
gespannt.
Dann werden von der Mitte aus die Spannfäden
bzw. immer 2 GF je einmal umwickelt und
kreisförmig weitergestickt.

4 Die jeweils 4 stehen gelassenen GF werden
zusammen umwickelt. Es entstehen 4 Wickelstege.
In den 4 kleinen Quadraten zwischen den
Wickelstegen wird je 1 Fadenkreuz gespannt,
deren Mitte zweimal umwoben wird (Schnecke).
Zum Schluss kann noch das Gewebekreuz in
der Mitte noch 4–5-mal umwoben werden.

5 Von den stehen gelassenen GF werden je 2
zusammen umwickelt. Es entstehen 8 Wickelstege.
Nun wird ein Fadenkreuz von je 4 Fäden
gespannt.
Die 4 Spannfäden in jedem Quadrat werden
nun umstopft, sodass sich Stopfstege bilden (sie
werden auch als Blüten bezeichnet).

MASCHENSTICH, GERADE

Es liegen 2 Stepplinien nebeneinander. Pro Stich werden 4 GF erfasst. Zwischen der oberen und unteren Linie liegen 2 GF. Der Maschenstich wird versetzt gestickt. Wird der Maschenstich doppelt gestickt, liegen in der Mitte 2 Stickfäden nebeneinander.

MASCHENSTICH, SCHRÄG

Der Stich geht schräg über das Gewebe, jeweils über 2 GF.
Wird der Maschenstich doppelt gestickt, liegen in der Mitte 2 Stickfäden nebeneinander (siehe Foto).

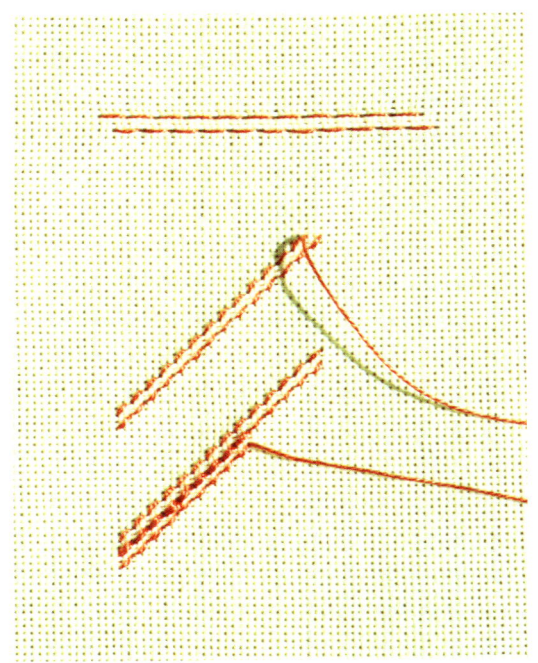

ZIERSTICHE

1 *Hexenstich über 4 GF*

2 *Hexenstich über 4 GF mit Durchbruch-*
   wirkung
   Bei diesem Muster werden je nach Belieben 1–4 Gewebefäden über und unter dem Hexenstich der Länge nach herausgezogen. Der Hexenstich wird genau wie oben gestickt. Nur wird der Stickfaden fester angezogen, somit entsteht eine Durchbruch-wirkung.

3 *Kreuzstich über 4 x 4 GF*

4 *Zickzackstich über 4 GF*

5 *Madeirasternchen über 4 GF*
   Der Stickfaden wird jeweils in der Mitte eingestochen.

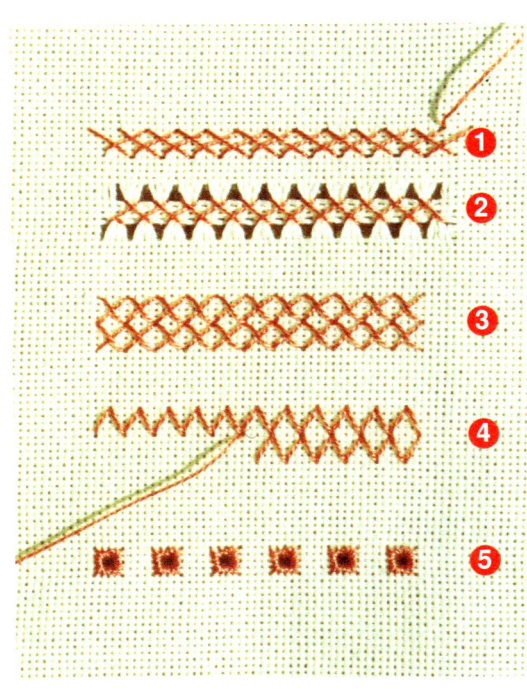

RANDABSCHLÜSSE

Spitzenrand im geraden Fadenlauf

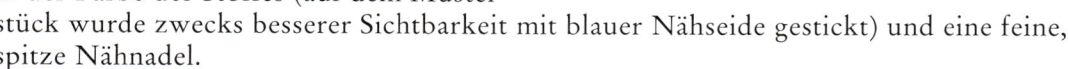

- An der Plattstichkante das Gewebe freilegen.
- Bevor wir mit dem Sticken des Spitzenrandes beginnen, muss dieser Rand befestigt
  werden. Dazu verwenden Sie feine Nähseide
  in der Farbe des Stoffes (auf dem Muster-
  stück wurde zwecks besserer Sichtbarkeit mit blauer Nähseide gestickt) und eine feine,
  spitze Nähnadel.
  Nähen Sie die GF mit ein paar Stichen zusammen und führen Sie den Nähfaden unter der
  Plattstichgruppe weiter. Umnähen Sie so den ganzen Spitzenrand.
  (In vielen Anleitungen wird hier empfohlen das Gewebe mit Textilkleber zu sichern. Diese
  Methode möchte ich nicht empfehlen, da Klebstoff das Gewebe bei nicht sachgemäßer Ar-
  beitsweise verunreinigt. Außerdem wird der Spitzenrand unangenehm fest und hart. Eine
  Zeitersparnis gegenüber dem Vornähen ist nicht gegeben.)
- Nun mit dem Stickfaden den Spitzenrand sticken.
  Zuerst den senkrecht stehenden Steg umstopfen, dann eine Langettenspitze arbeiten. Das
  sind 5 Langettenstiche, die jeweils in der Mitte des senkrechten Steges eingestochen wer-
  den, die Langettenknötchen liegen jeweils zwischen den GF; an dieser Stelle werden die
  GF nach Fertigstellung des Spitzenrandes auch geschnitten.
  Schließlich einen waagerechten Steg stopfen.
  Den Stickfaden unter den noch nicht gestickten, nächsten senkrechten Steg legen, im Stoff
  verankern und den Steg stopfen. Diesen Arbeitsgang wiederholen.

Spitzenrand im schrägen Fadenlauf

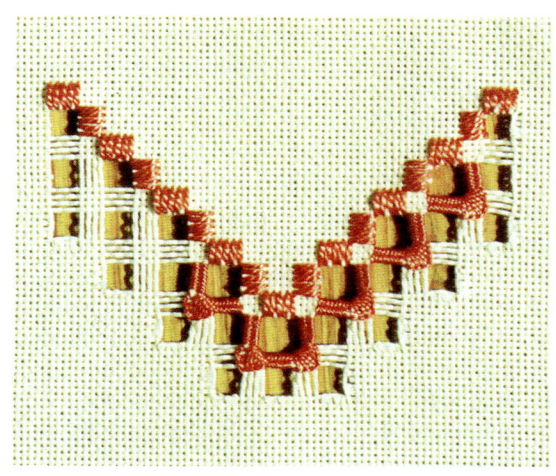

- Plattstichkante sticken.
- Gewebe freilegen.
- Spitzenrand mit Nähseide sichern (siehe
  oben, Anleitung zum »Spitzenrand im geraden Fadenverlauf«).
- Der Spitzenrand wird fortlaufend, stufenförmig gestickt. Die Stege werden umstopft
  und die Ecken mit Langettenstichen
  gestickt.

F	Füllung
GF	Gewebefaden
ED	Edelweiß
HS	Hexenstich
	ein Kästchen bedeutet 4 GF
	Plattstich
	Gewebe freilegen
	Madeirasternchen
	Wickelsteg
	Stopfsteg
	Maschenstich gerade
	Maschenstich schräg
	Schlingstichfüllung
	Schlingstichfüllung in den Ecken
	Spitzen mit Langettenstich
	Malteserviertel
	Stickfaden über freigelegtes Gewebe spannen
	Stickfaden über freigelegtes Gewebe spannen und 2-mal in der Mitte umweben (Schnecke)
X oder KR	Kreuzstich
	Gewebefaden oder Spannfaden einmal umwickeln und zum nächsten Faden weitergehen.

POESIEALBUM – NOTIZBUCH

Poesiealbum oder Ähnliches: Diese kleinen Bücher und Poesiealben haben oft im stabilen Umschlagdeckel aus Karton einen Ausschnitt frei. Sie können mit ganz wenig Aufwand an Zeit und Material kleine Geschenke herstellen, in dem Sie Hardanger-Füllungen in diese Ausschnitte einfügen.

Stoff- und Garnreste für das Modell »Kleine Blume«:

Stoff: Zweigart »Edinburgh«
Garn: Anchor Perlgarn 8 und Anchor Vierfachgarn 25, jeweils Farbe 1

für die Schmuckfüllung:

Stoff: Zweigart »Lugana«
Garn: Anchor Perlgarn 5 und 8, jeweils Farbe 1

ARBEITSANLEITUNG

Die genaue Beschreibung der Schmuckfüllung finden Sie auf Seite 11.

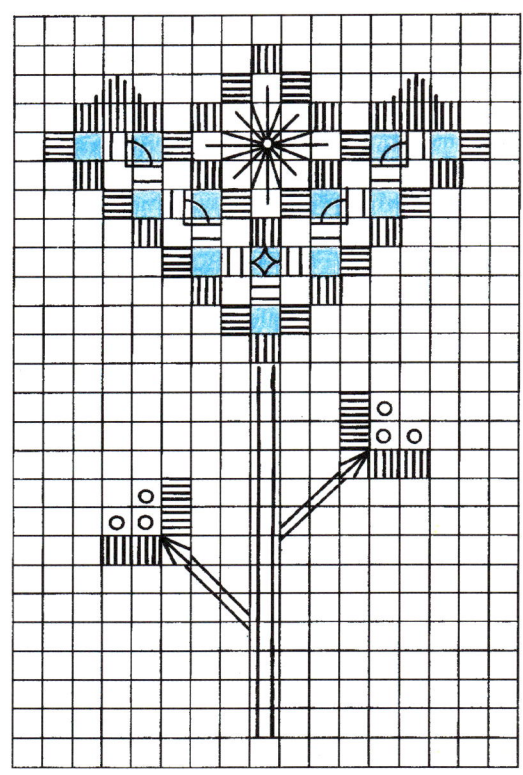

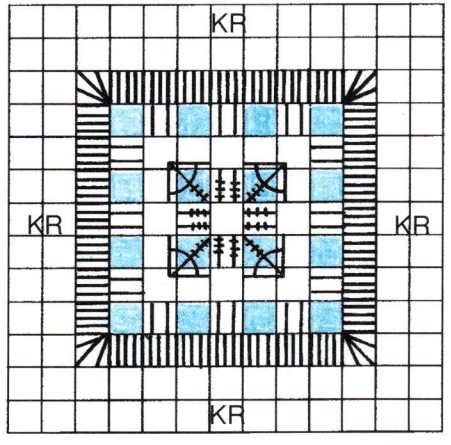

Zählmuster zu Poesiealbum – Notizbuch

HEMDBLUSE

M A T E R I A L	
Schnitt:	burda 2978
Stoff:	Zweigart »Belfast« 3609, Farbe 100 Die Stoffmenge richtet sich nach der Konfektionsgröße.
Garn:	5 Stränge Anchor Vierfachstickgarn Nr. 20, Farbe 1

ARBEITSANLEITUNG

Das Muster wird im Grundsystem eines Zwölfertakt-Musters (schräger Fadenlauf) auf die Rückenpasse der Hemdbluse gestickt. Mir erschien das »genaue« Zwölfertakt-Muster für diese Bluse als zu zart. Deshalb habe ich das Grundsystem vergrößert.

Es werden 6 GF ausgezogen, 20 GF stehen gelassen und wieder 6 GF ausgezogen, usw. So entstehen Quadrate von 20 x 20 GF. Dazwischen stehen nur noch die Schuss- beziehungsweise die Kettfäden.

Von diesen werden nun immer jeweils 4 zusammengenommen und mit Vierfachgarn umstopft. So entstehen je fünf kleine Stege an jeder Seite eines Gewebequadrates.

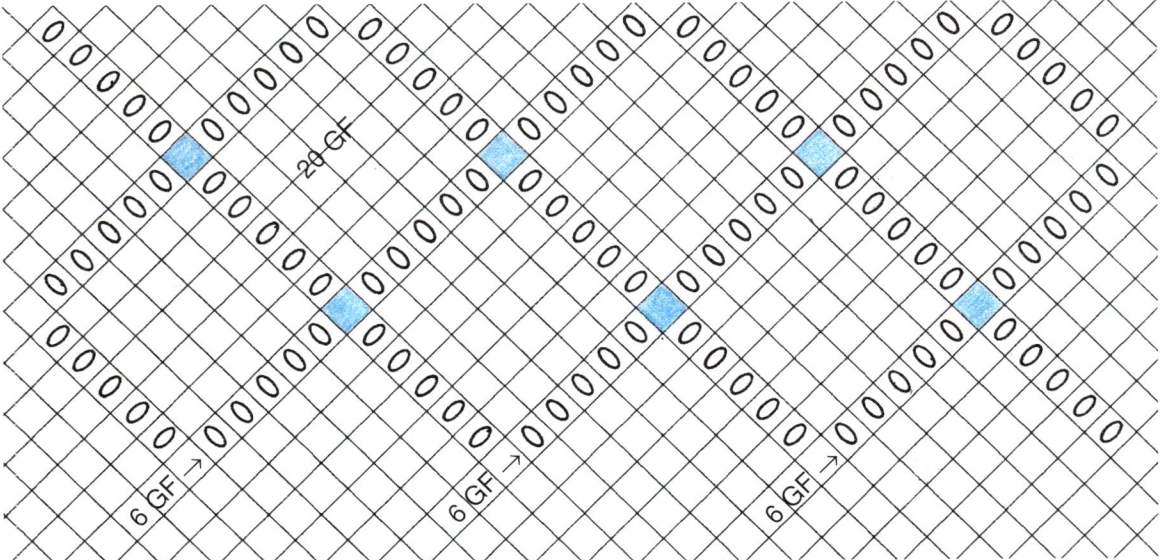

Zählmuster zur Hemdbluse

TOP SCHWARZ

MATERIAL

Schnitt: Es eignen sich alle Top-Schnitte, die vorne eine Gerade von ca. 19 cm haben.

Stoff: Zweigart »Dublin« 3604, Farbe schwarz Nr. 95
Die Stoffmenge richtet sich nach Konfektionsgröße.

Garn: 1 Strang Anchor Perlgarn 5, Farbe 403
1 Knäuel Anchor Perlgarn 8, Farbe 403
1 Strang Anchor Vierfachgarn 16, Farbe 403

ARBEITSANLEITUNG

- Plattstiche: zuerst die obere Plattstichkante, dann die Plattstichstufen mit Perlgarn 5 sticken.
- Gewebe freilegen.
- Mit Perlgarn 8 die Stege stufenförmig umstopfen und den Schlingstich in jedes zweite freie Quadrat sticken, in der jeweils nächsten Reihe dann versetzt, sodass ein Würfelmuster aus den Schlingstich-Quadraten entsteht (siehe Zeichnung). Madeirasternchen in der Mitte gleich mit einarbeiten.
- Maschenstich mit Perlgarn 8 sticken. Am besten Sie beginnen direkt unterhalb des Madeirasternches und sticken zuerst das große Quadrat (4 Reihen).
  Dann wird in Verlängerung der beiden unteren Seiten des Quadrats der Maschenstich, jetzt nur 2-reihig, bis zum oberen Rand der Stickerei weitergearbeitet.
- Mit Perlgarn 5 Plattstiche um das Sonnenrad sticken. Es sind 21 Stickstiche pro Seite (je 2 Stiche über 4, 6, 8, 10, 12 GF, ein Stich über 14 GF dann wieder je 2 Stiche über 12, 10, 8, 6, 4 GF). Dazwischen liegt nun ein Stoffquadrat mit 20 GF.
- In dieses Gewebequadrat wird das Sonnenrad (siehe Seite 10) gestickt.
  Das Gewebe freilegen (9 Fäden schneiden, 2 Fäden stehen lassen, 9 Fäden schneiden). Dann die Fadenkreuze spannen (siehe Entwurf). Anschließend wird das Sonnenrad weiter wie das Edelweiß gestickt, allerdings mit 16 Blüten.
- Am Schluss wird der obere Rand gestickt. Er ist eine Abwandlung des geraden Spitzenrandes.

Gleich oberhalb vom oberen Plattstichrand werden 4 GF in der Längsrichtung ausgezogen. Jeweils 4 GF in Querrichtung werden mit Perlgarn 8 umstopft.
Nun wird mit Vierfachstickgarn die obere Kante im Langettenstich fertig gestickt, indem in jeden Stopfsteg eine Langettenspitze (siehe Seite 14, Anleitung zum Spitzenrand im geraden Fadenlauf) gestickt wird.

Zählmuster zum Top schwarz

KOSTÜM »TERRA-KOTTA«

MATERIAL

Schnitt: nach Maß fertigen

Stoff: Zweigart »Meran« 3972, Farbe 487
Die Stoffmenge richtet sich nach der Konfektionsgröße.

Garn: 3 Stränge Anchor Perlgarn 5, Farbe 338
3 Stränge Vierfach-Stickgarn 16, Farbe 338

ARBEITSANLEITUNG

- Der Ausschnitt wird extra gestickt und dann in das Kostümvorderteil eingenäht.
- Plattstich mit Perlgarn 5 sticken. Madeirasternchen mit Vierfach-Stickgarn 16 sticken.
- Freilegen des Gewebes: Nicht das ganze Gewebe auf einmal freilegen, es kann sich sonst beim Sticken verziehen. Gewebefäden in der Mitte zunächst stehen lassen. Erst die Gewebefäden links und rechts vom Malteserband herausschneiden und die Stopfstege arbeiten.
- Nun die Gewebefäden in der Mitte herausschneiden und das Malteserband (siehe Seite 9) sticken.
- Gewebe für den Randabschluss freilegen und geraden Spitzenrand (Seite 14) sticken.
- Die kleine Zeichnung ist die Borte für den Ärmel. Je nach Ärmelsaum beginnen Sie ca. 8–12 cm von der Stoffkante entfernt mit den Plattstichreihen, legen dann das Gewebe frei und sticken die Stopfstege.

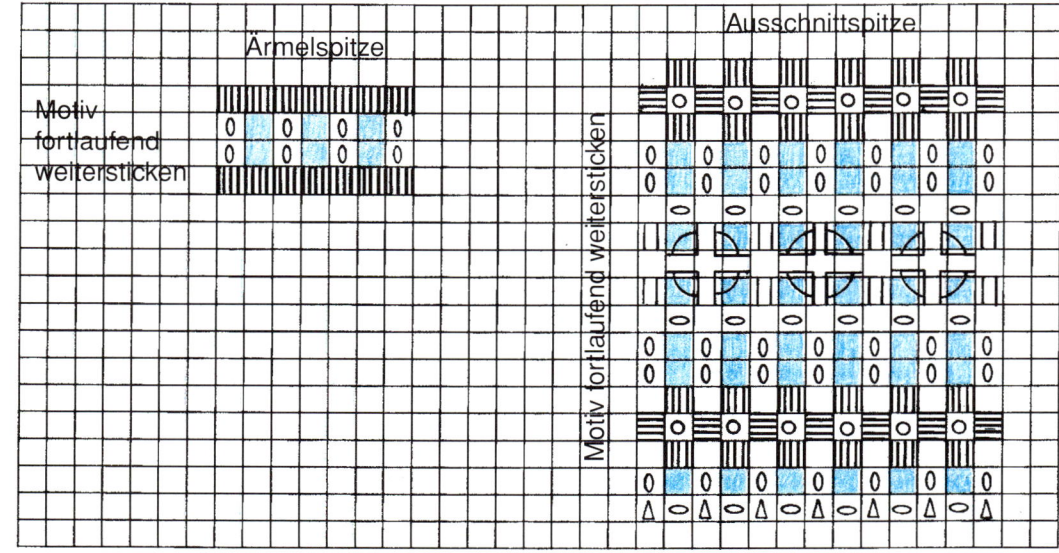

Zählmuster zum Kostüm »Terrakotta«

HARDANGER IM LANDHAUSSTIL

CREATIV-DOSEN

MATERIAL

Zwei Creativdosen, oval, groß, der Firma Frankfurter Handarbeiten.

Stoffreste: Zweigart »Belfast« 3609, Farbe 53

Garnreste: Anchor Perlgarn 5 und 8, Farbe nach Belieben

ARBEITSANLEITUNG

Blume und Schmetterling nach Stickschrift sticken.

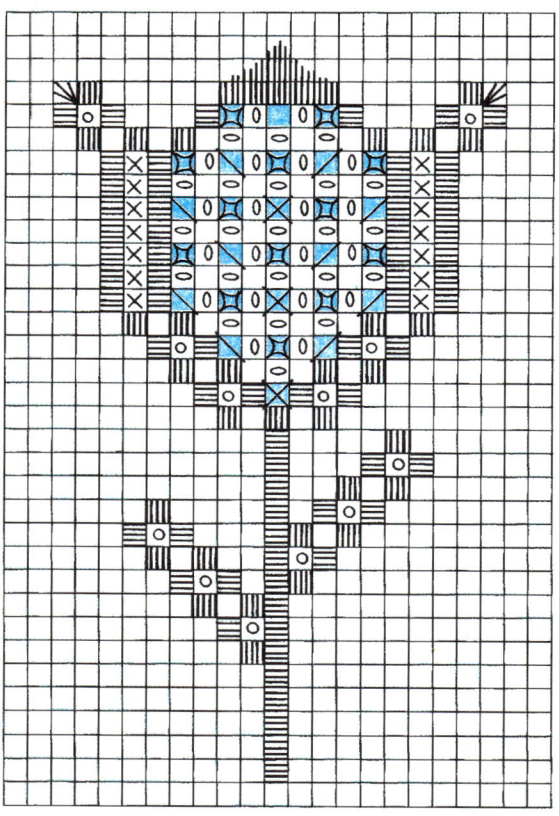

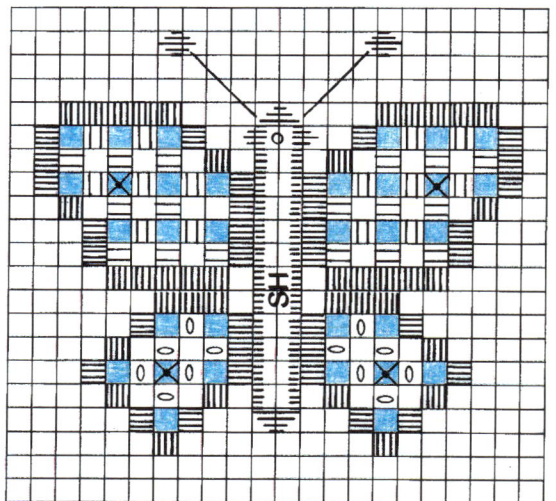

Zählmuster zu den Creativdosen

MUSTERTUCH

Zählmuster siehe auch S. 28

M A T E R I A L	
Stoff:	Zweigart »Bellana« 3256, Farbe 100
Garn:	Anchor Perlgarn 5 und 8, Farbe 1
	Anchor Perlgarn 5 und 8, Farbe 386
	Die Garnmenge richtet sich nach der Größe des Mustertuches.

Für dieses Buch habe ich zwei Mustertücher gestickt.
Wenn ich neue Muster oder Füllungen entdecke und ausprobieren möchte, sticke ich sie auf mein vorhandenes Mustertuch und erweiterte so die Mustersammlung.
Das fertig gestickte Mustertuch wird wie ein Bild eingerahmt. Aus einer Sammlung von Entwürfen wird jetzt ein Schmuckstück, das zur Dekoration und zum Anschauen dient.
Das hier vorgestellte Mustertuch soll als Anregung dienen. Wie viele Muster Sie darauf sticken, welche Größe Sie wählen und welchen Abstand Sie zwischen den einzelnen Motiven lassen, bleibt Ihrer Phantasie überlassen.

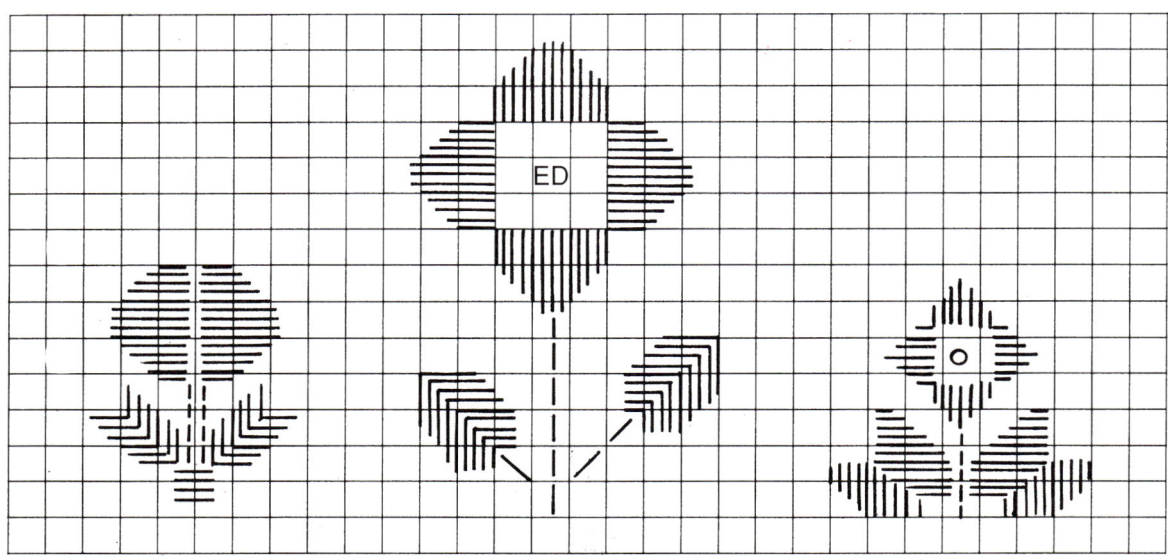

Zählmuster zum Mustertuch, unterer Teil

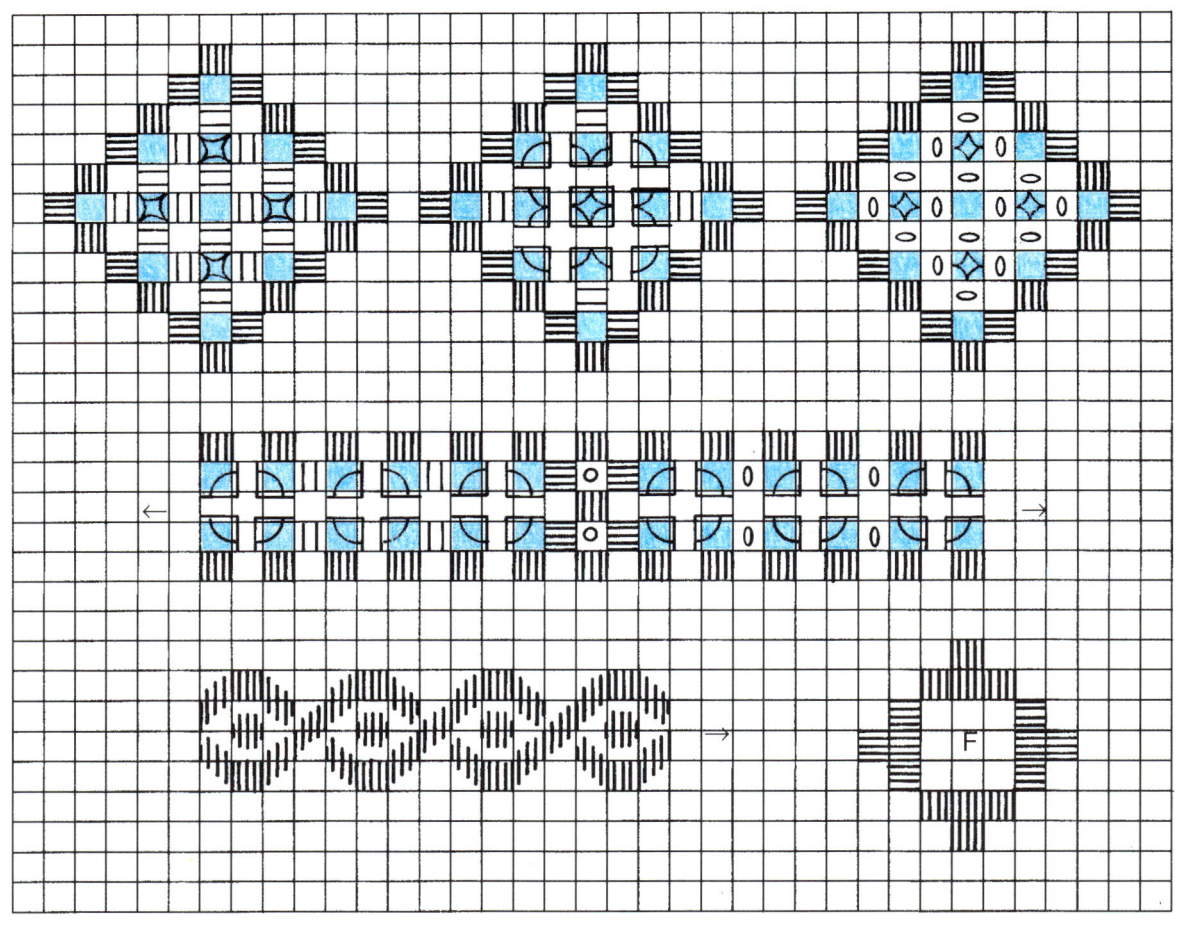

Zählmuster zum Mustertuch, oberer Teil

→ = fortlaufend sticken

F = Die Beschreibung für die Füllungen der kleinen Quadrate finden Sie auf der Seite 12.

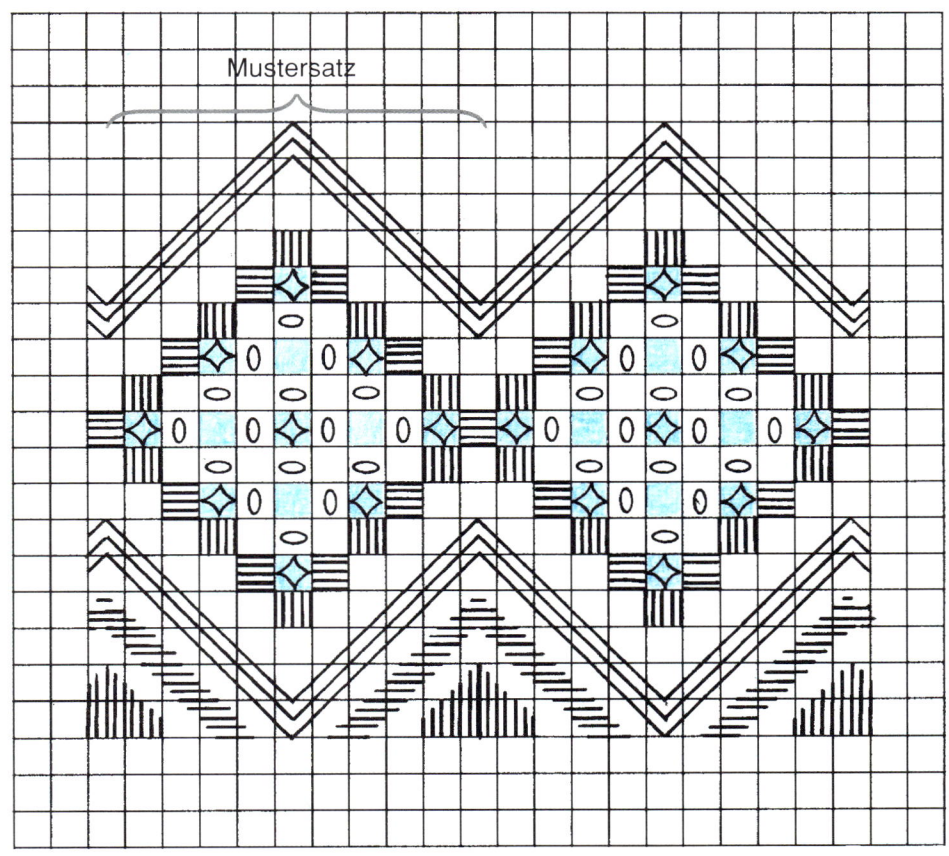

Zählmuster zum Trachtenbeutel

TRACHTENBEUTEL

Zählmuster siehe S. 29

Zählmuster siehe S. 29

M A T E R I A L

Stoff:	Zweigart »Ariosa« 3711, Farbe 59, Menge: 140 x 30 cm Futterstoff: 90 x 30 cm, Farbe nach Belieben Holzscheibe oder Pappscheibe mit ca. 17 cm Durchmesser
Garn:	2 Stränge Anchor Perlgarn 5, Farbe 392 1 Knäuel Anchor Perlgarn 8, Farbe 393

ARBEITSANLEITUNG

* Stoffzuschnitt:
  2-mal 30 x 45 cm für das Taschenteil zum Besticken
  2-mal runde Stoffteile mit 17 cm Durchmesser plus Nahtzugabe
  für den Boden des Beutels
* Auf die 2 Taschenteile wird je 7-mal der Mustersatz gestickt
  (die Stickerei kann in die Mitte oder in das untere Drittel des
  Beutels gestickt werden).
* Mit den kreisförmig ausgeschnittenen Stoffteilen wird die ca.
  20 cm große Holzscheibe bezogen.
* Der bestickte Stoff wird abgefüttert und an den Seiten zusam-
  mengenäht (die gestickten Quadrate müssen genau aneinander
  stoßen).
* Oben wird ein Tunneldurchzug genäht, in den Sie am Schluss eine
  Kordel einziehen.
* Beutel unten reihen und am Bodenteil festnähen.
* Die Garnreste, die vom Sticken übrig geblieben sind, eignen sich
  sehr gut um daraus die Kordel für den Beutel zu drehen.

WESTE »TANNENGRÜN«

Zählmuster siehe S. 34

MATERIAL

Schnitt: Geeignet sind verschiedene Westenschnitte.

Stoff: Zweigart »Lugana« 3835, Farbe 647
Die Stoffmenge richtet sich nach der Konfektionsgröße.

Garn: 1 Strang Anchor Perlgarn 5, Farbe 218
1 Knäuel Anchor Perlgarn 8, Farbe 218

ARBEITSANLEITUNG

- Plattstiche mit Perlgarn 5 sticken. Der Plattstich geht über 2, 3, 4, 5, 6, 7, 8, 9, 10, 9, 8, 7, 6, 5, 4, 3, 2 GF. In der Mitte sind 16 x 16 GF für das Edelweiß.
- Gewebe freilegen und das Edelweiß laut Anleitung (Seite 10) mit Perlgarn 8 fertig sticken.
- Dann mit Perlgarn 8 den Maschenstich sticken.
- Das Muster hat auf unserem Foto an jeder Seite der Weste 5 Rauten. Je nach Länge oder Schnitt der Weste kann es auch nach oben auf 6 oder 7 Rauten verlängert werden.

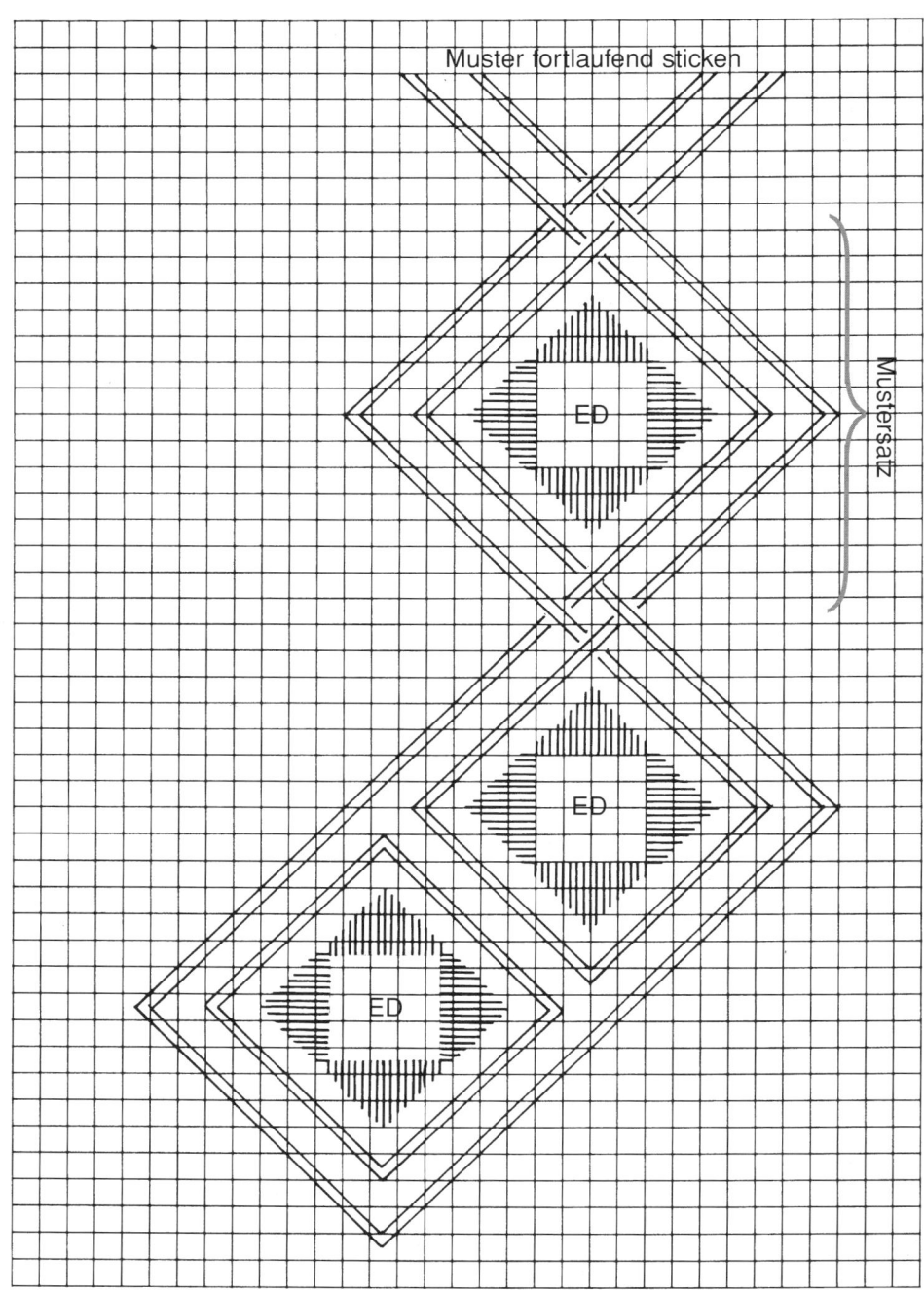

Muster fortlaufend sticken

Mustersatz

Zählmuster zur Weste »Tannengrün«

34

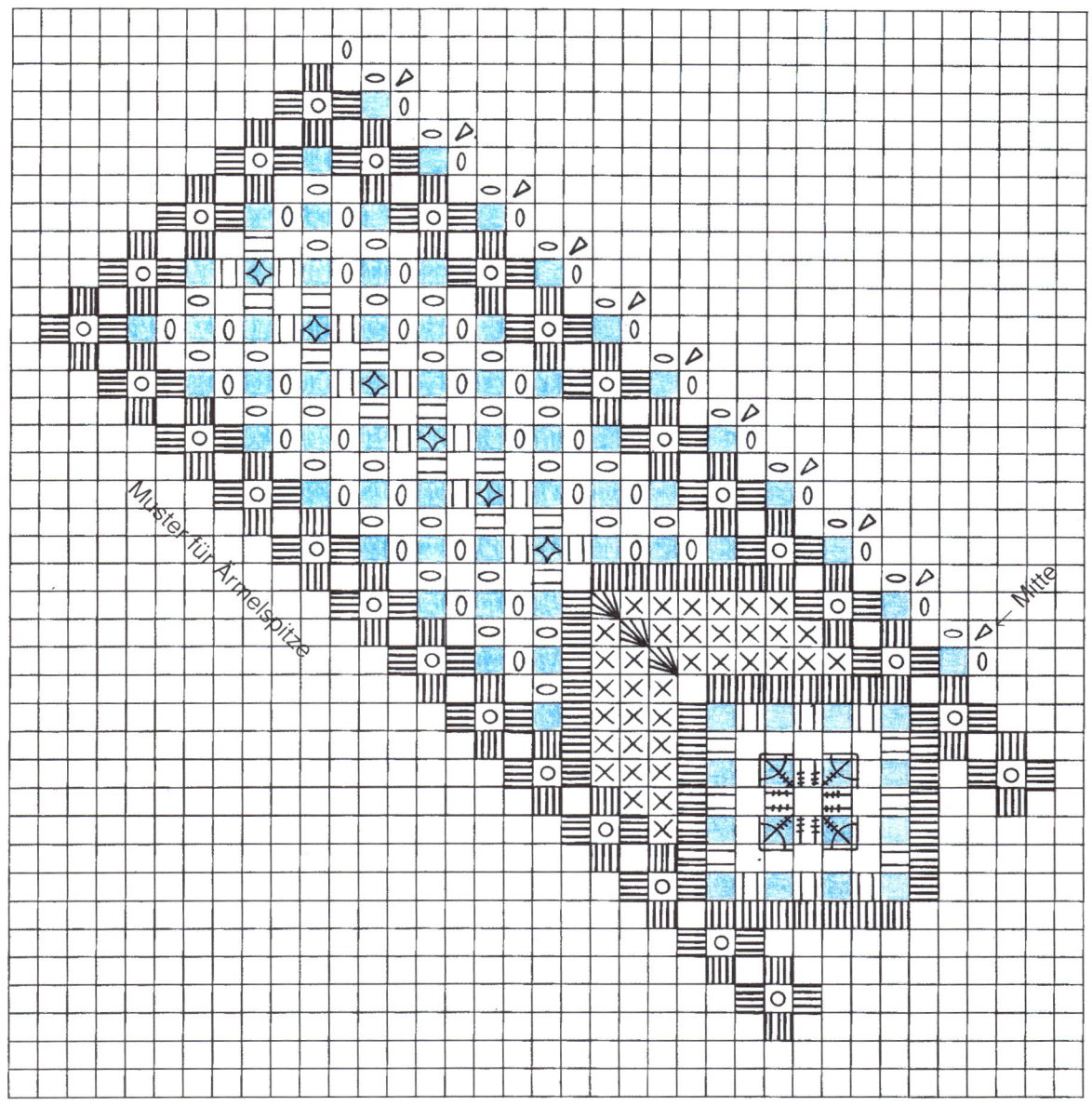

Zählmuster zur Trachtenbluse

TRACHTENBLUSE

Zählmuster siehe S. 35

M A T E R I A L

Schnitt: nach Maß fertigen

Stoff: Zweigart »Edinburgh« 3217, Farbe 100

Garn: 1 Knäuel Anchor Perlgarn 8, Farbe 1
2 Stränge Anchor Vierfachstickgarn 25, Farbe 1

ARBEITSANLEITUNG

- Die Ausschnittspitze und die Ärmelspitzen werden separat gestickt und dann in die Bluse eingearbeitet. Die Spitzen werden im schrägen Fadenlauf des Gewebes gestickt.

Ausschnittspitze:

- Sie beginnen mit dem Plattstich (Perlgarn 8).
- Madeirasternchen mit Vierfachgarn 25 sticken.
- Gewebe freilegen.
- Mittleres Muster sticken (Schmuckfüllung, Anleitung Seite 11).
- Kreuzstiche sticken. Dabei den Stickfaden etwas fester anziehen.
- Stege stopfen und wickeln und die Schlingstiche mitsticken.
- Zum Schluss den Spitzenrand sticken und die obere Kante der Spitze ausschneiden.
- Der Stoff links, rechts und unterhalb der Spitze bleibt stehen und wird beim Zusammennähen der Bluse mit eingearbeitet.

Ärmelspitze:

- Vor Beginn der Arbeit das genaue Maß des Armumfanges nehmen um die Länge der Spitze festzulegen. Bei dem gezeigten Modell habe ich 3 cm weniger Spitze gestickt, als der Armumfang ist, um so noch Platz für Knöpfe und Knopflöcher zu haben.
- Die Spitze wird laut Zeichnung gestickt, aber ohne die mittlere Schmuckfüllung.

36

OBERTEIL »LANDHAUS«

Zählmuster siehe S. 40/41

ARBEITSANLEITUNG

- Plattstiche sticken. Die Fäden gehen am Rand über 2, 3, 4, 5, 4, 3, 2 usw. GF.
- Maschenstiche sticken.
- Kreuzstiche sticken. Dabei den Stickfaden etwas fester anziehen, dann wirkt das Muster etwas durchbrochen.
- Gewebe freilegen.
- Gewebefäden umwickeln und Schlingstich mitsticken.
- Nun wird die Borte am Vorderteil gestickt (Detailzeichnung S. 40 beachten).
  Zwischen den beiden Plattstichreihen werden zuerst die geraden Maschenstiche gestickt. Dann wird in der Mitte eine Reihe Hexenstich gestickt (über 4 GF). Zuvor wird je ein Gewebefaden über und unter dem Hexenstich der Länge nach herausgezogen (siehe Seite 13, Hexenstich über 4 GF mit Durchbruchwirkung).

Borte:

- Die Borte wird auf das Bündchen der Ärmel gestickt (Länge nach Konfektionsgröße).
- Bei dem hier gezeigten Modell befinden sich noch 2 Borten am Rücken des Oberteils. Das Oberteil wird am Rücken in der Mitte geknöpft, links und rechts neben dem Verschluss wird je eine Borte der Länge nach gestickt.

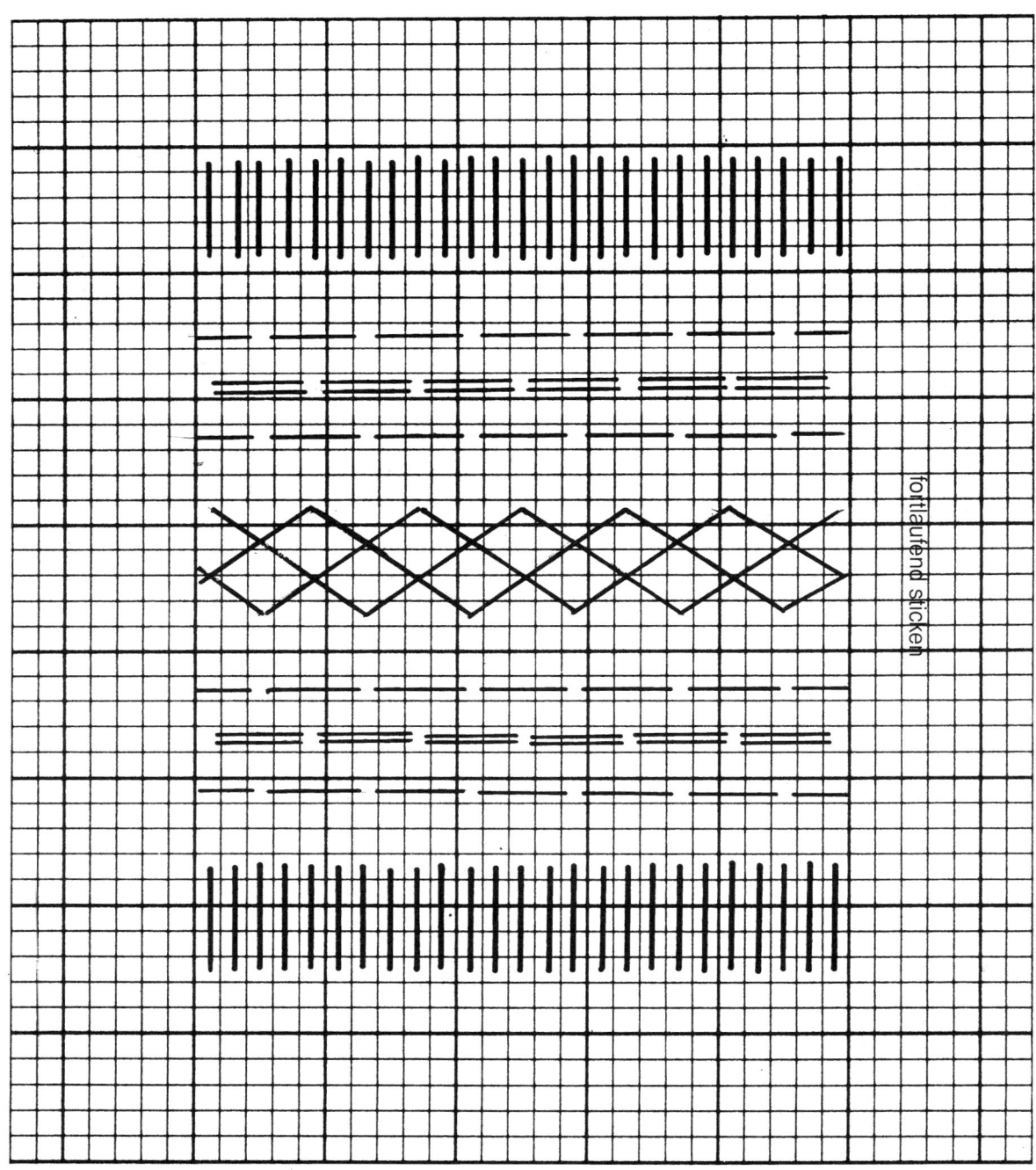

fortlaufend sticken

Zählmuster zum Oberteil »Landhaus«: Borte

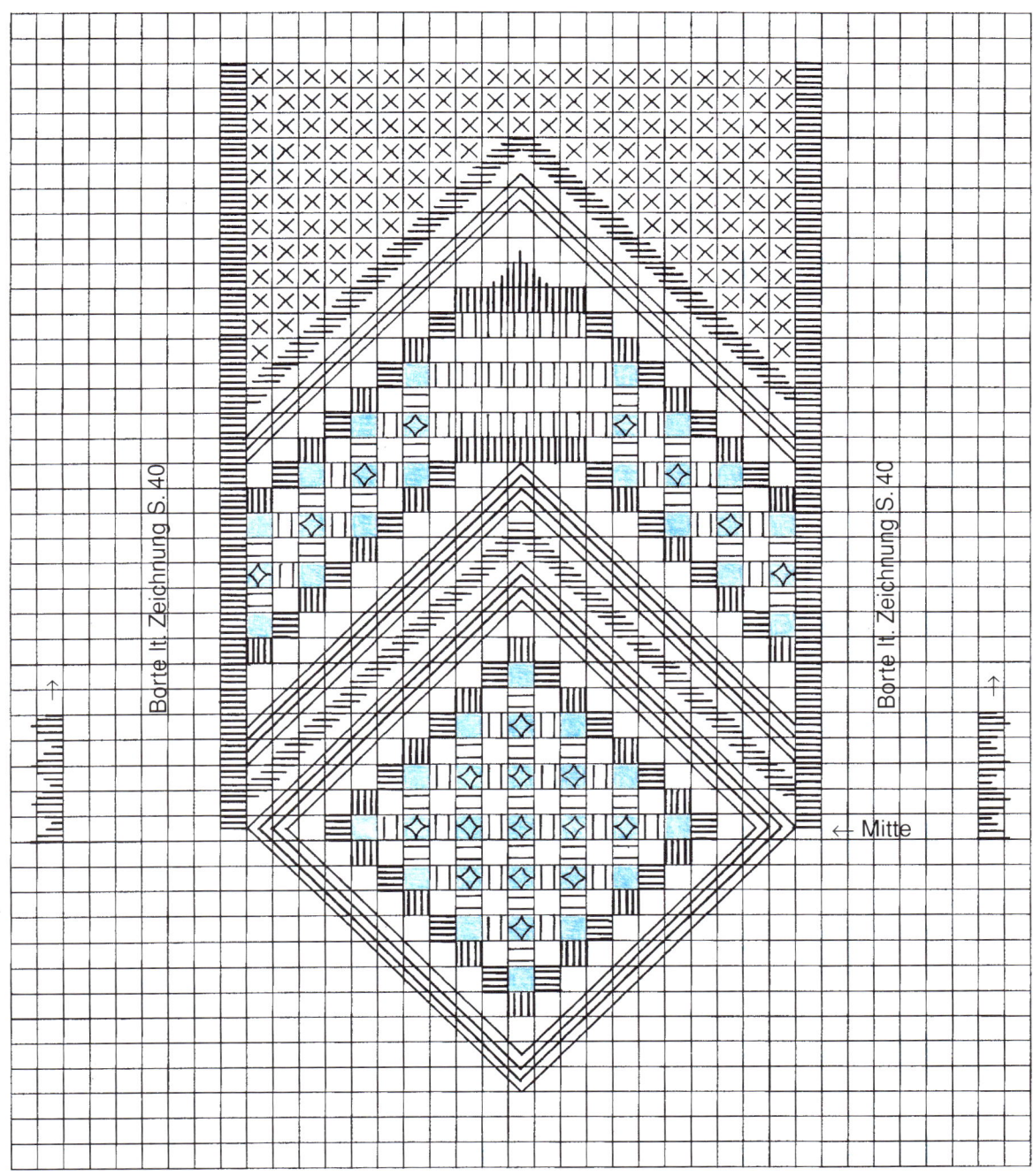

Borte lt Zeichnung S. 40

Borte lt. Zeichnung S. 40

← Mitte

Zählmuster zum Oberteil »Landhaus«

41

Hardanger – frech und frei

Mustertuch

Material	
Schnitt:	Rechteck 12 x 90 cm und Nahtzugabe von je 15 cm
Stoff:	Zweigart »Bellana« 3256, Farbe 100
Garn:	Anchor Perlgarn 5 und 8, Farbe 147

Dieses Mustertuch wurde eher unkonventionell gearbeitet. Die Muster sind ohne ein bestimmtes System auf einen Stoff mit eher ungewöhnlichem Format (12 x 90 cm) gestickt worden.

Für das Mustertuch wurden die Füllungen und Zierstiche verwendet, die vorn in dem Kapitel »Die grundlegenden Muster« erklärt werden.

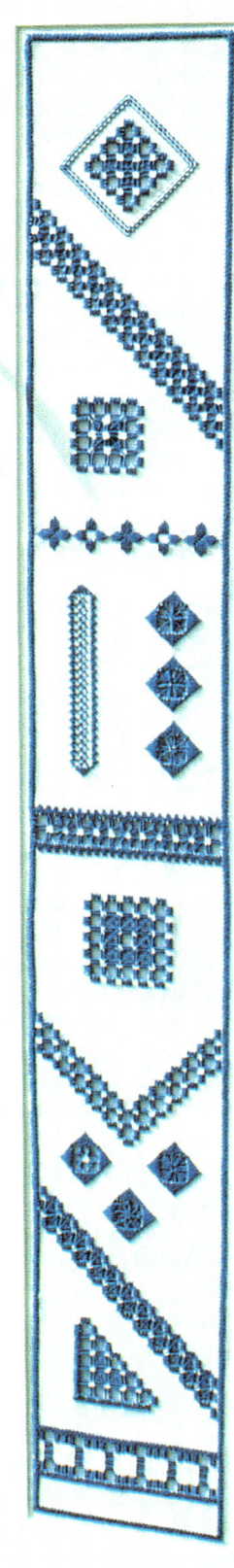

FOTOALBUM

M A T E R I A L	
Stoffrest:	Zweigart »Belfast« 3609, Farbe 780
Garnreste:	Anchor Perlgarn 5, Farbe 979
	Anchor Perlgarn 8, Farbe 1 und 43
	Anchor Vierfachgarn 20, Farbe 1

ARBEITSANLEITUNG

- Segelmast im Kreuzstich mit Perlgarn 5 sticken.
- Segel mit Perlgarn 8, Farbe 1, im Plattstich umranden, Gewebe freilegen und die Füllungen mit Vierfachgarn aussticken.
- Die Umrandung des Bootskörpers mit Perlgarn 8 sticken. Oberhalb und unterhalb der Hexenstichreihen werden je 4 GF herausgezogen. Nun mit Perlgarn 8, Farbe 43, die zwei Reihen Hexenstich sticken. Dabei den Stickfaden fest anziehen, damit eine durchbruchartige Wirkung erzielt wird (siehe Seite 13, Hexenstich über 4 GF mit Durchbruchwirkung).

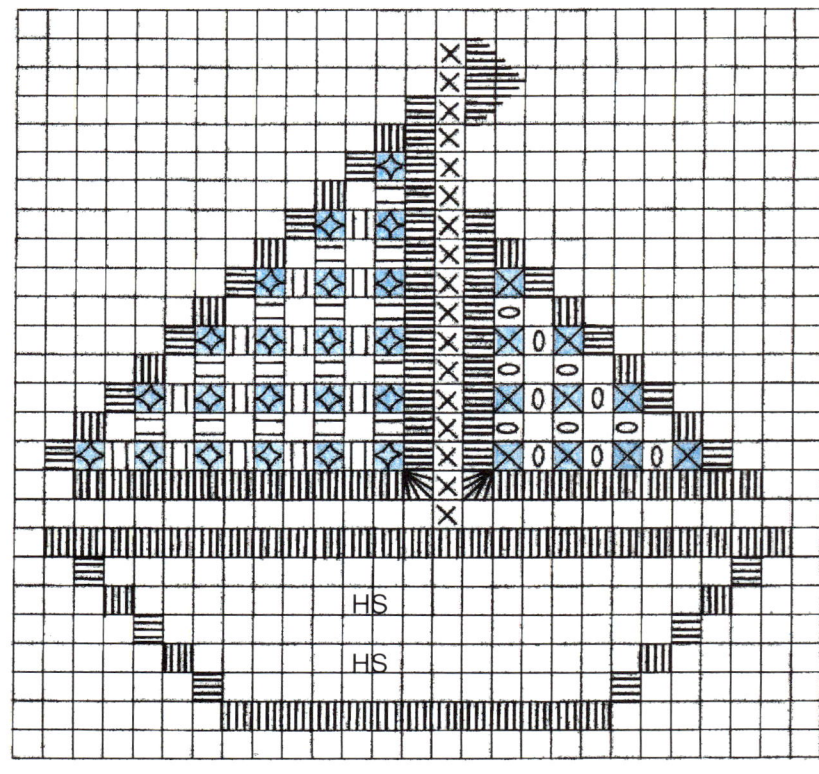

*Zählmuster
zum Fotoalbum*

CREATIVDOSEN

Creativdosen.
Für die Stickerei können alle Hardangerstoff- und Perlgarnreste
verwendet werden.

ARBEITSANLEITUNG

Zunächst werden die Schmuckfüllungen gestickt. Dann wird der Rest
des benötigten Stoffes mit Plattstichen ausgestickt.
Plattstichquadrate, -rechtecke und -dreiecke werden in beliebiger
Größe und Farbe aneinander gestickt.

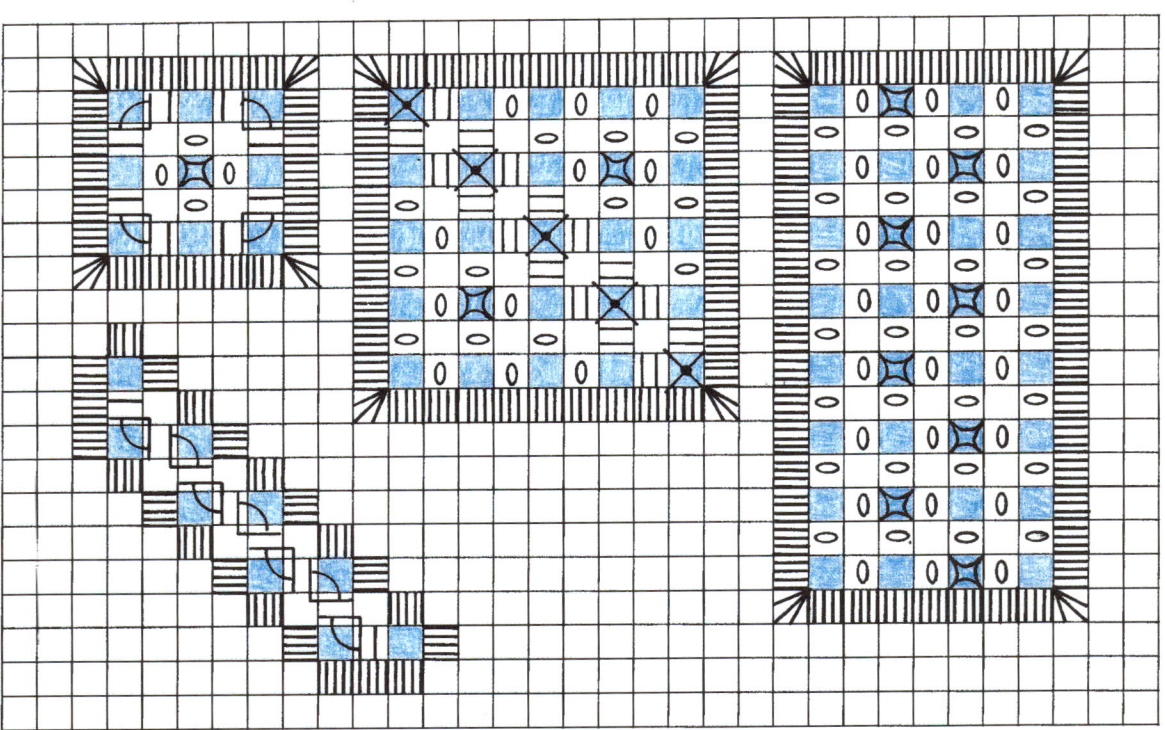

Zählmuster zu den Creativdosen

46

TOP »LIMONE«

Zählmuster siehe S. 50

MATERIAL

Schnitt: burda 2964

Stoff: Zweigart »Meran« 3972,
Farbe 614

Garn: 1 Strang Anchor Perlgarn 5,
Farbe 259
1 Knäuel Anchor Perlgarn 8,
Farbe 259

ARBEITSANLEITUNG

- Plattstichstiche mit Perlgarn 5 sticken.
- Madeirasterne mit Perlgarn 8 sticken.
- Zwischen den Plattstichstufen oder -reihen das Gewebe freilegen.
- Musterborte mit Malteservierteln und Schlingstichen laut Anleitung auf Seite 10 (Malteserband – schräger Fadenlauf mit Schlingstichfüllung) sticken.
- Gewebe für Spitzenabschluss freilegen.
- Das Gitter mit Stopfstegen ausfüllen.
- Im letzten Arbeitsgang wird der Spitzenrand gestickt.
  Sie beginnen oben rechts, sticken den Spitzenrand stufenförmig bis zum Ausschnitt. Dort sticken Sie dann den geraden Spitzenrand über dem gestopften Gitter bis zur linken Seite. An der linken Seite wird dann wieder der stufenförmige Spitzenrand bis links oben gestickt und anschließend ausgeschnitten.

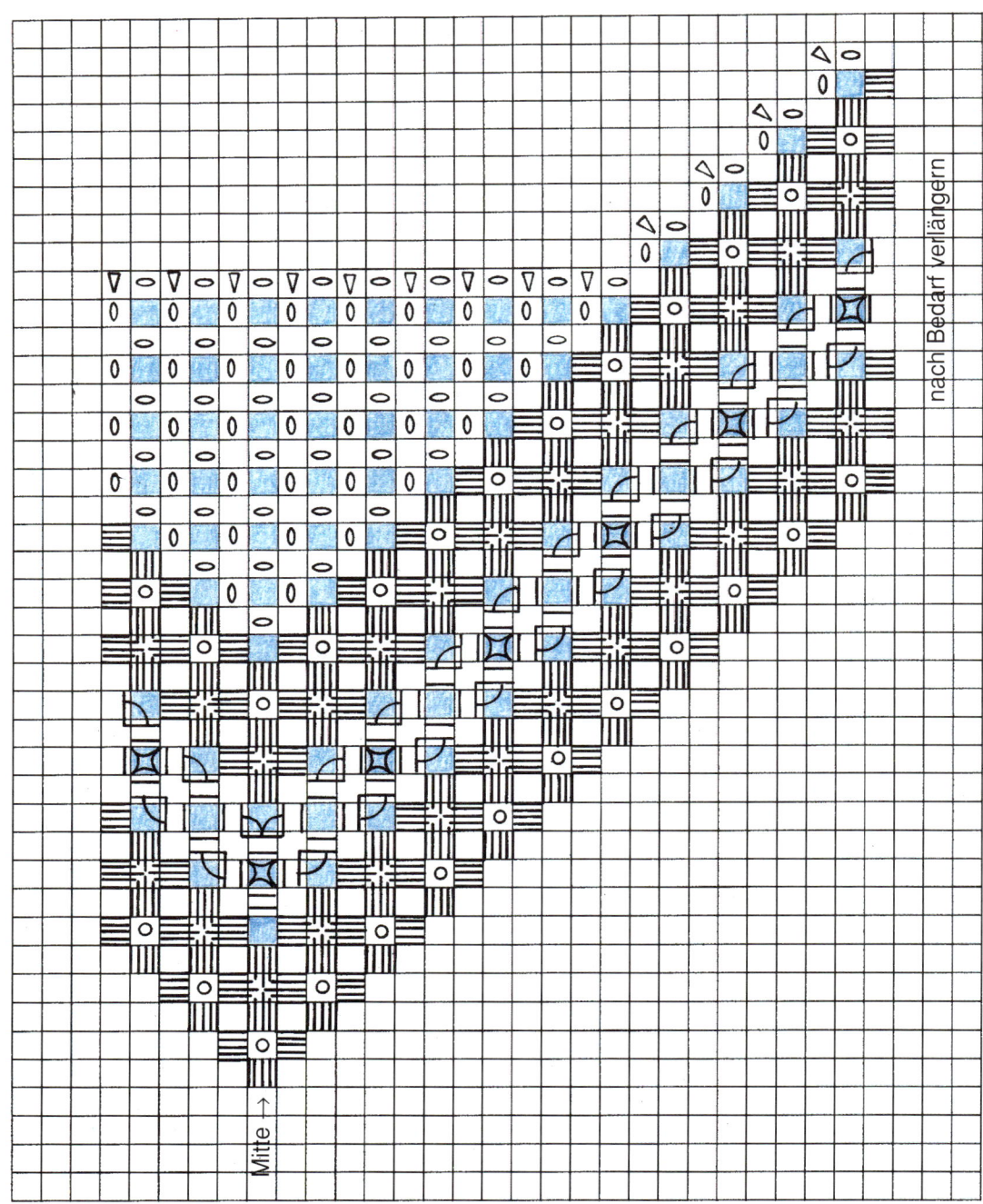

Zählmuster zum Top »Limone«

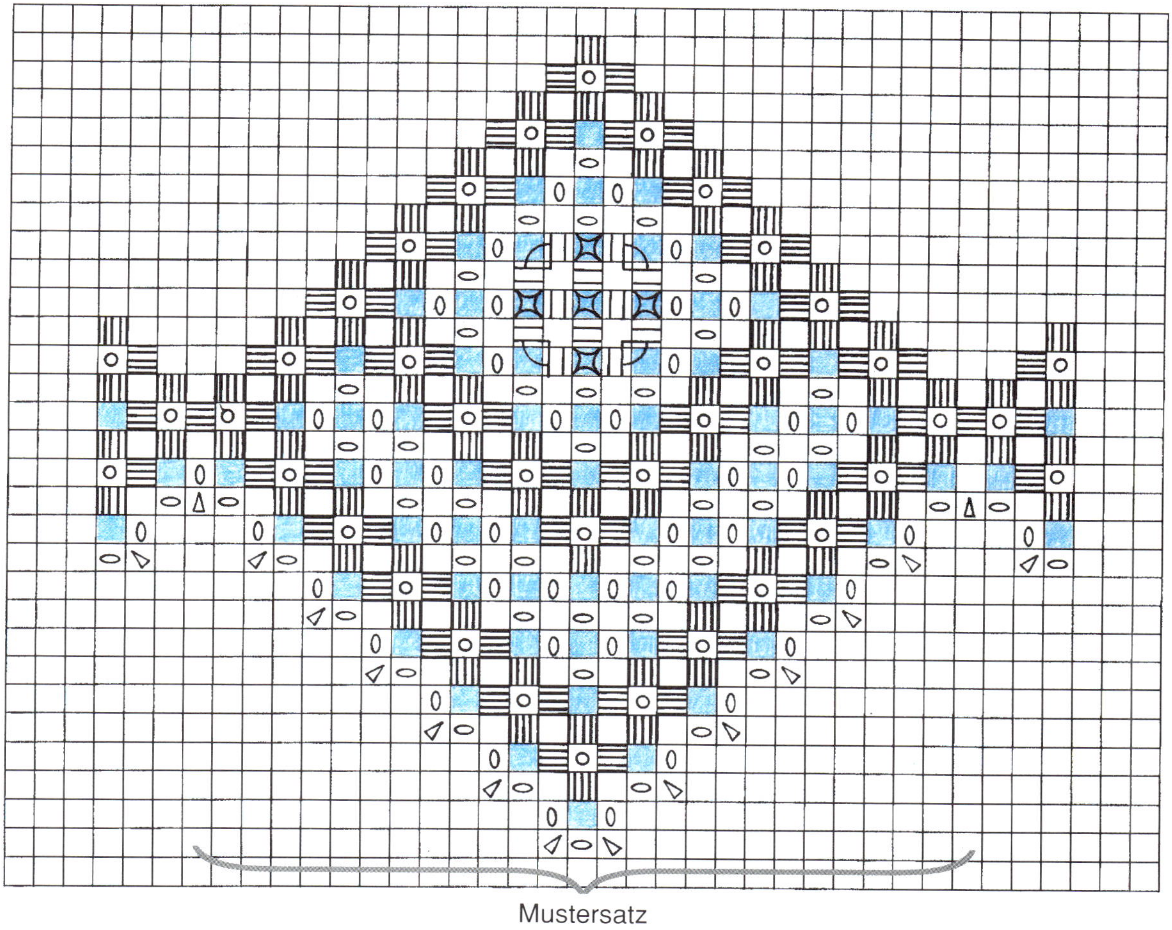

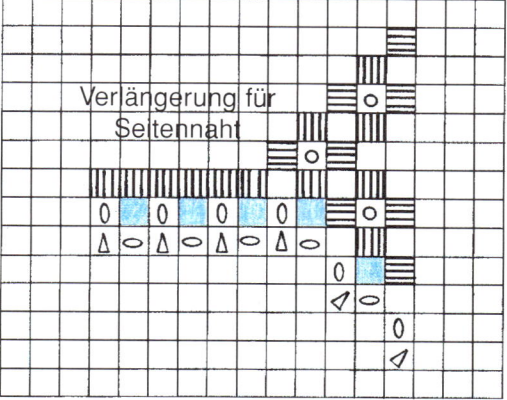

Mustersatz

Verlängerung für
Seitennaht

Zählmuster zur Weste
»Sonnengelb«

WESTE »SONNENGELB«

Zählmuster siehe S. 51

Zählmuster siehe S. 51

MATERIAL

Schnitt: einfache Westenschnitte, z. B. burda 3151
Die Länge der Weste wird nach Wunsch festgelegt.

Stoff: Zweigart »Meran« 3972, Farbe 216
Die Stoffmenge richtet sich nach der Konfektionsgröße.

Garn: 4 Stränge Anchor Perlgarn 5, Farbe 302
2 Knäuel Anchor Perlgarn 8, Farbe 302

ARBEITSANLEITUNG

- Plattstichgruppen mit Perlgarn 5 sticken.
- Madeirasternchen mit Perlgarn 8 sticken.
- Gewebe der kleinen Raute freilegen.
- Mittelmotiv in der kleinen Raute sticken. Am besten fangen Sie in der Mitte des Motives an und sticken dann kreisförmig nach außen.
- Gewebe unterhalb der Raute freilegen, Gewebefäden umstopfen und Schlingstich mitsticken.
- Gewebe für Spitzenrand freilegen.
- Spitzenrand sticken.
- An den Vorderteilen werden je 3 Rauten gestickt.
- Am Rückenteil werden 5 Rauten gestickt.
- An der Seitennaht empfiehlt es sich, ein paar cm Plattstich und Spitzenrandabschluss zu sticken (siehe kleine Zeichnung auf Seite 51). So kann die Größe der Weste an der Seitennaht etwas verändert werden.
- Das Muster ist für die Konfektionsgröße 42 entworfen worden. Soll eine kleinere Weste gestickt werden, wird beim Vorder- und Rückenteil jeweils eine halbe Raute weniger gestickt. Für eine wesentlich größere Weste noch eine zusätzliche Raute sticken.

Jacke für Jeans

Zählmuster siehe S. 56/57

MATERIAL

Schnitt: burda 3234

Stoff: Zweigart »Meran« 3972, Farbe 695
Die Stoffmenge richtet sich nach der Konfektionsgröße.

Garn: 2 Stränge Anchor Perlgarn 5, Farbe 979
1 Knäuel Anchor Perlgarn 8, Farbe 979

ARBEITSANLEITUNG

* Plattstiche mit Perlgarn 5 sticken.
* Gewebe Stück für Stück freilegen.
* Gewebefäden mit Perlgarn 8 umstopfen. Die Borte wird im Zwölfertakt (siehe Seite 11) gestopft. Bei der Raute am Vorderteil und bei dem Dreieck am Rückenteil werden alle freigelegten Gewebefäden stufenförmig gestopft.
* Die Borte mit dem Zwölfertakt-Muster wird je nach Konfektionsgröße passend verlängert.

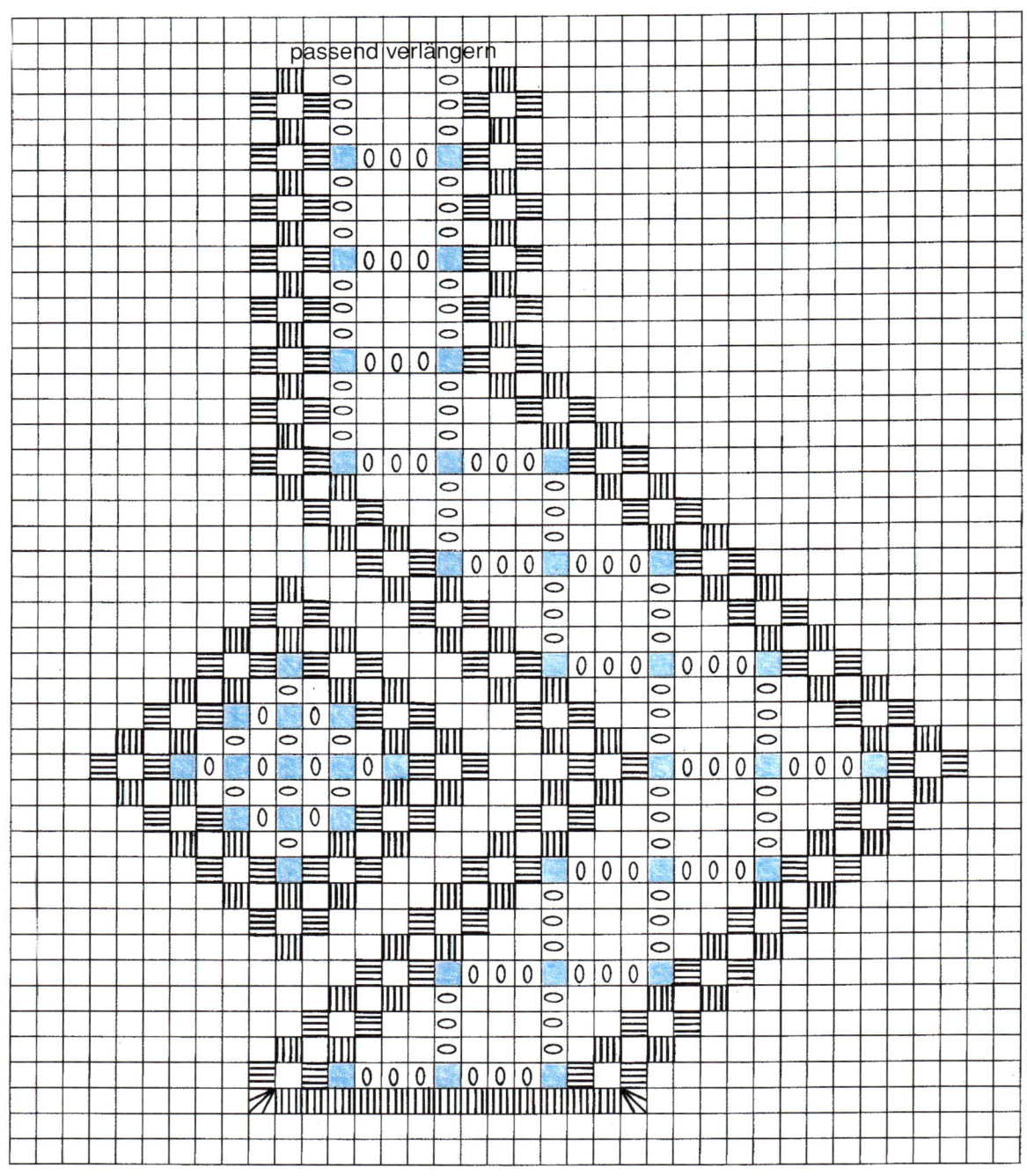

Zählmuster zu »Jacke für Jeans«: Vorderteil

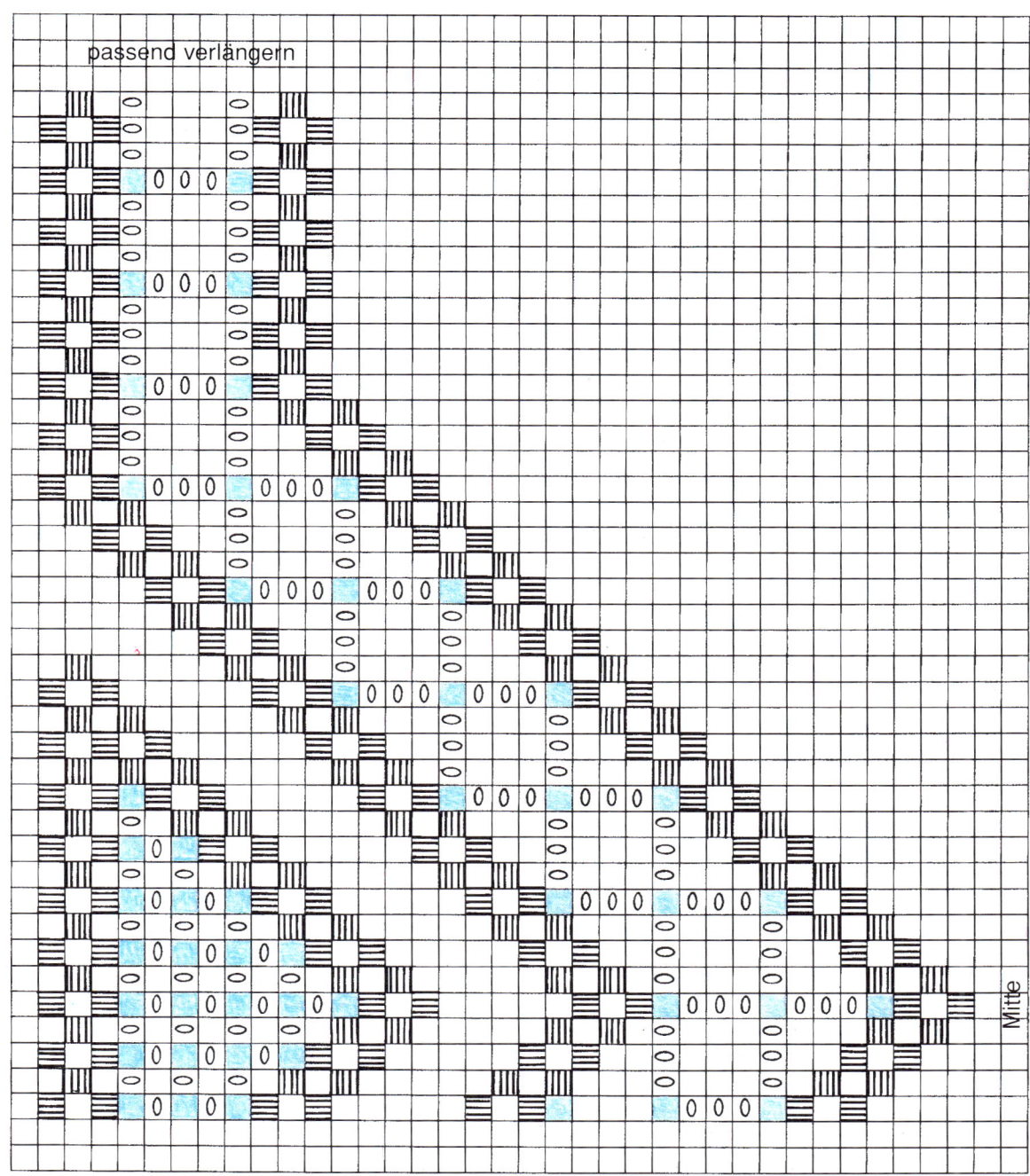

Zählmuster zu »Jacke für Jeans«: Rückenteil

WESTE »FRECH UND FREI«

Zählmuster siehe S. 60/61

Zählmuster siehe S. 60/61

MATERIAL

Schnitt: nach Maß fertigen

Stoff: Zweigart »Belfast« 3609, Farbe 53
Die Stoffmenge richtet sich nach der Konfektionsgröße.

Garn: 1 Strang Anchor Perlgarn 5, Farbe 979
1 Strang Anchor Perlgarn 5, Farbe 43
1 Knäuel Anchor Perlgarn 8, Farbe 43
1 Knäuel Anchor Perlgarn 8, Farbe 259
1 Strang Anchor Vierfach-Stickgarn 16, Farbe 979

ARBEITSANLEITUNG

* Begonnen wird mit dem Plattstich, Perlgarn 5, Farbe blau 979.
* Gewebe freilegen, zwischen den geraden Plattstichreihen befinden sich 12 GF. Die mittleren 4 GF bleiben stehen. Die 4 GF links und rechts werden der Länge nach ausgezogen.
* Nun wird mit Vierfachgarn blau 979 der Hexenstich (siehe Seite 13, Ziersticke) unten begonnen und bis zu dem Stufenmuster gestickt. Bei den Stufen werden die Gewebefäden stufenförmig umstopft. Danach wird dann im Hexenstich weitergestickt.
* Mit Perlgarn 8, rot 43, wird der Kreuzstich gestickt.
* Mit Perlgarn 8, grün 259, werden der Maschenstich und der Plattstich am oberen Dreieck gestickt.
* Am oberen Dreieck werden auch noch 2 Reihen Plattstich mit Perlgarn 8, rot 43, und der Maschenstich mit Vierfachgarn 16, blau 979, gestickt.
* Nun wird die Raute gestickt. Plattstich mit Perlgarn 5, rot 43. Die Madeirasterne mit Vierfachgarn 16, blau 979.
* Gewebe innerhalb der Raute freilegen und die Gewebefäden mit Vierfachgarn 16, blau 979, umstopfen.
* Das Muster wird nach unten und oben je nach Konfektionsgröße oder Schnitt verlängert oder verkürzt.

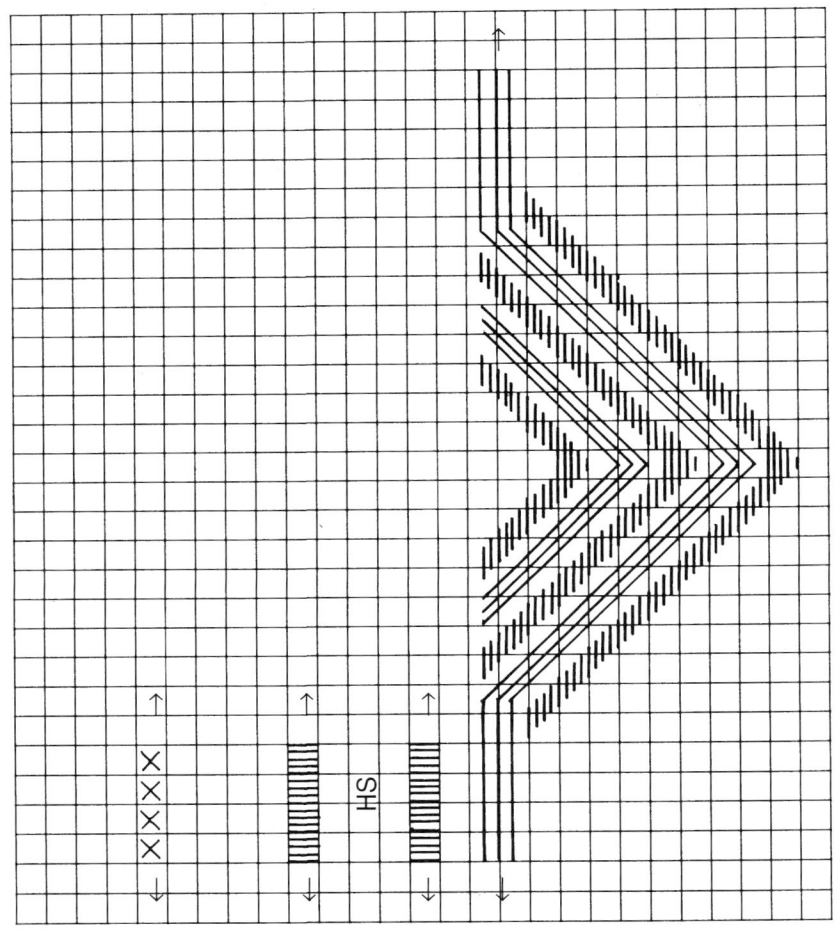

Zählmuster zu Weste »Frech und frei«: oberes Dreieck

→ = bis zur gewünschten Länge weitersticken

Zählmuster zur Weste »Frech und frei«: Raute

DANK

Ganz herzlich bedanken möchte ich mich bei den hier im Buch genannten Firmen, bei meiner Familie, meinen Freunden und Bekannten, die mich bei der Erstellung dieses Buches unterstützt und mitgeholfen haben.

BEZUGSQUELLENNACHWEIS

⚓ Anchor Stickgarne:

Coats GmbH
Postfach 1179
D-79337 Kenzingen

Stoffe:

Zweigart & Sawitzki
Postfach 120
D-71043 Sindelfingen

Bücher, Poesie-
und Fotoalben:

Leporello GmbH
Ziegelhofstraße 228A
D-79110 Freiburg

Creativdosen:

Frankfurter Handarbeiten
Postfach 1242
D-74552 Crailsheim

Schnitte:

burda
Am Kestendamm 2
D-77652 Offenburg

Die Autorin

Heidi Baumgartner erlernte schon als Kind die Hand- und als Jugendliche die Goldstickerei. In einer Fahnen- und Paramentenstickerei hat sie die Ausbildung als Handstickerin abgeschlossen.

1995 legte sie die Meisterprüfung im Stickerhandwerk ab und erhielt 1996 den Meisterpreis der Bayerischen Staatsregierung. Die Autorin zeigt ihre Arbeiten in Ausstellungen, bei Messen, in Museen und auf Sonderschauen. Regelmäßig gibt sie Stickkurse zu vielen verschiedenen Techniken für Anfänger und Fortgeschrittene.

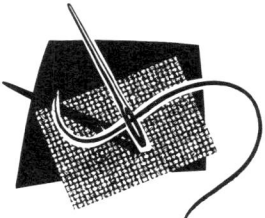

Mit Anchor Stickgarnen haben Sie Spaß und können Ihrer Phantasie freien Lauf lassen – ganz gleich, ob allein oder gemeinsam mit Freundinnen. Anchor liefert Ihnen das hochwertige Sortiment an traumhaft schönen Stickgarnen mit über 444 Farben.

Viele kreative Anregungen finden Sie in unseren Ideenmagazinen *Intermezzo* und *Anchor Kreativ* (wie z. B. die Kissen auf dem Foto). Bitte wenden Sie sich an Ihren Fachhandel.

Gute Laune zum SELBERMACHEN.

Anchor

Kreativer Spaß an farbigen Ideen.

 Coats GmbH · Postfach 1179 · 79337 Kenzingen